Impressum
Herstellung und Verlag:
BoD-Books on Demand, Norderstedt
ISBN: 978-3-7322-5358-6

Briefe von Hans

Die Briefe meines Großvaters

Vorwort

Dies ist ein geschichtliches Dokument:

Die Briefe meines Großvaters, die er von 1942-43 an seine Eltern und seine Schwester Elfriede (Friedchen genannt) von der Front nach Hause in das südliche Ruhrgebiet schrieb. Wahrscheinlich nur eine Geschichte von Vielen, aber sehr berührend, wenn man das tragische Ende bedenkt...

Beeindruckend finde ich den schnellen Wandel, den er in diesen knapp 1 ½ Jahren durchmachte: Von einer anfänglichen „lockeren Stimmung" über die Erkennung des Ernstes seiner Lage, bis hin zur richtigen Not, welche wir uns heute im „Handy- und Elektronikzeitalter" nicht vorstellen können.

Meine Mutter (und natürlich auch ich) haben ihn leider nie kennenlernen dürfen, da er 6 Wochen vor ihrer Geburt starb.

Diese Briefe fanden wir im Nachlass Friedchens, die 2008 starb. Leider existieren die Briefe an seine Frau, Erna (meine liebe Großmutter,

gest. 2005) nicht mehr.

Seit ich diese Briefe gelesen habe, hätte ich noch so viele Fragen an sie gehabt.

Durch diese Briefe habe ich erst richtig begriffen, wie es damals in den Menschen ausgesehen haben muss. Auch wenn vieles nur zwischen den Zeilen zu erahnen ist. Unvorstellbar, was z.B. meine Großmutter in den sowieso

für Alle schlimmen Kriegs- und Nachkriegszeiten mit 2 kleinen Kindern durchgemacht haben muss... Ich habe zwar oft in Erzählungen gehört, was mein Großvater für ein lieber Mensch war, aber durch diese Briefe ist er für mich als Mensch wesentlich „greifbarer" geworden.

Jetzt weiß ich auch, woher ich meine Abneigung gegen Graupensuppe habe. Wenn ich ihn jemals kennengelernt hätte, wer weiß, vielleicht hätten wir noch mehr Gemeinsamkeiten entdeckt...

Mit seinen 31 Jahren wurde seinem Leben ein viel zu frühes Ende gesetzt. Ich hoffe, dass wir und die nachfolgenden Generationen so etwas nie wieder erleben müssen – auch nicht in anderen Ländern!

Ich möchte hiermit den nachfolgenden Generationen ein etwas anderes, persönlicheres, vielleicht leichter nachzuvollziehendes Bild aus dem 2. Weltkrieg vermitteln, was die Sorgen, Nöte und Hoffnungen der einfachen Menschen von damals angeht.

Mein nächstes Ziel wird es sein, zu recherchieren, ob sein Grab in Charkow noch existiert.

Ich denke es ist im Sinne meiner teils leider schon verstorbenen Verwandtschaft, diese Briefe zu veröffentlichen, die ein Mahnmahl unserer Geschichte und die damit verbundenen Hoffnungen widerspiegeln.

Die Rechtschreib- und Zeichensetzungsfehler in den Briefen habe ich absichtlich aus den Originalen

übernommen, um die teils schwierige Lage, in der die Briefe geschrieben wurden, zu verdeutlichen.

Zum besseren Verständnis der in den Briefen vorkommenden Personen eine kurze Übersicht im Folgenden:

Friedchen=Elfriede: Hans jüngere Schwester +2008

Erna: Hans Frau *1916 +2005

Gretelein=Gretel: Hans Tochter *1939+ 2011

Hermann: Ernas Bruder im Krieg vermisst

Fritz: Ernas Bruder

Grete: Ehefrau von Hermann +1942

Der Rest entzieht sich meiner Kenntnis oder ergeben sich aus den Inhalten der Briefe.

Zum besseren Verständnis möchte ich noch erwähnen, daß Hans von Beruf Schreinermeister war und vor dem Stellungsbefehl mit seiner aus Essen stammenden Frau Erna und seiner Tochter Gretel in Gelsenkirchen lebte.

Seine Frau und Tochter wurden im Sommer 1943 nach Oberbayern in den Kreis Obing evakuiert, wo im August seine 2. Tochter zur Welt kam, die er nie kennenlernen durfte.

Lesen Sie selbst:

Frankreich

,den 29.3.42

Ihr Lieben,

heute am Sonntag komme ich auch dazu, Euch mal ein paar Zeilen zu schreiben.

Wir sind hier nachts um 4 Uhr angekommen. Wir hatten unterwegs sehr viel Aufenthalt weil an verschiedenen Stellen immer noch welche einstiegen. Bis jetzt haben wir alles an Waffen und sonstigem Zeug empfangen und nun kann der Spaß meinetwegen losgehen.

Ich liege hier mit sehr anständigen Kameraden auf einer Stube insgesamt 22 Mann.

Ich bin hier in dem Ort, der auf dem Stellungsbefehl stand, wir dürfen diesen aber nicht auf dem Absender schreiben. Und dann muß ich Euch noch eines mitteilen: Wenn Ihr mir einen Brief schreibt, legt kein Geld darein das ist streng verboten. Solange wie ich nicht raus komme kann ich damit auch nichts anfangen und zweitens brauche ich auch nichts. Auch was Verpflegung anbetrifft braucht Ihr mir nichts zu schicken. Die Verpflegung ist hier nämlich tadellos. Auch bekomme ich jeden Tag 6 Zigaretten und kann mir in der Kantine noch so viele Zigaretten kaufen, wie ich will. Also wie ihr seht, leide ich hier überhaupt keine Not. Vom Urlaub kann ich Euch noch gar nichts mitteilen denn erst müssen wir erst mal zu richtigen Soldaten gemacht werden.

Wir haben bis jetzt sehr schönes Wetter hier, wenn es so bleibt, kann ich bestimmt zufrieden sein, denn das Wetter spielt beim Soldaten eine sehr große Rolle.

Für heute weiß ich nichts mehr zu schreiben.

Laßt es Euch allen gut gehen. Viele Grüße an Oma.

Nun seid recht herzl. gegrüßt von

Eurem Hans

Meine Anschrift

Soldat

Hans K.

Feldpost N°06559D

Frankreich, den 9.6.42

Ihr Lieben!

Habe jetzt Zeit, um auch an Euch mal wieder ein paar Zeilen zu schreiben. Ich habe nämlich ein paar Tage Bettruhe. Diese Tage beim Gebäudedienst habe ich mir das linke Knie verstaucht es war etwas angeschwollen, wollte noch weiter Dienst mitmachen aber unser Sanitäter ließ das nicht zu. Ich mußte ins Revier. Das ist hier ein kleines Zimmer in einem kleinen Haus ungefähr so wie Omas Schlafzimmer bei Euch. Hier liegen wir mit 3 Mann aber alles keine schlimm Kranken. Der Arzt kommt jeden nachmittag und untersucht uns. Ich dachte ich wäre gestern wieder Dienstfähig geschrieben worden denn das Knie ist nicht mehr dick und ich kann auch wieder ganz gut gehen. Aber hier sind die Ärzte sehr vorsichtig und lassen einen lieber einen Tag länger liegen als wie zu früh wieder Dienst machen. Nu ja, mir solls recht sein, denn so ein paar Tage Ruhe kann einem ja nicht schaden und ich komme wenigstens mal dazu um euch zu schreiben.

Der Dienst ist hier nämlich lange, jedoch nicht schwer, sodaß ich wenig Zeit zum Schreiben habe, wenn man dann noch des Nachts Wache schieben muß, kommt man fast garnicht mehr zum

Schreiben.- Sonst geht es mir noch sehr gut und es gefällt mir auch noch gut beim Kommiß. Die letzten Tage ist es hier sehr warm und ich habe schon eine ganz braune Gesichtsfarbe. Die Verpflegung ist hier tadellos. Wir bekommen alle 2 Tage sogar warmes Abendessen, wie Milchsuppe oder Nudelsuppe. Jetzt werdet Ihr lachen, gestern Abend gab es „Graupensuppe" aber die hat mir vorzüglich geschmeckt, also esse ich jetzt auch Graupensuppe. Also liebe Mutter, wenn ich mal auf Urlaub komme, kannst Du ruhig Graupensuppe kochen! Nun, was macht Ihr denn noch? Ihr habt doch jetzt sicher alle Hände voll im Garten zu tun, nicht wahr? Ich sehe nämlich hier wie die Leute im Garten und auf den Feldern am arbeiten sind. Diese Gegend erinnert mich überhaupt viel an Sprockhövel denn hier stehen sehr viel so kleine Häuschen mit einem Garten hinterm Haus genau wie bei Euch.

So nun will ich Schluß machen denn es gibt gleich Mittagessen.

In der Hoffnung Euch bald besuchen zu können seid vielmals gegrüßt von Eurem Hans

Recht viele Grüße an alle Bekannten und Verwandten, besonders an Oma.

Entschuldigt die schlechte Schrift, aber im Bett kann man nicht besser schreiben

Hans

Fr. den 26.6.42

Ihr Lieben!

Nun wird es Zeit, daß ich den lieben Brief, den Friedchen mir geschrieben hat beantworte.

Also liebes Friedchen zuerst mal recht vielen Dank für den lieben Brief und für die Zigaretten, wo ich mich ganz besonders drüber gefreut habe.

Nun etwas Trauriges. Ich erhielt von Erna auch schon die Nachricht, daß der kleine Rolf tot ist, daß tut mir sehr leid, daß der kleine Kerl schon so früh sterben mußte. Gestern Abend erhielt ich von Erna einen Brief, das Hermann seine Frau bei der Niederkunft operiert werden mußte und im Sterben liegt. Erna schreibt mir, Grete müßte sterben Sie hätte eine Darmlähmung und der Kot käme ihr aus dem Mund. Das kleine Kind lebt und soll Ursula heißen. Kläre säße bei ihr im Elisabethkrankenhaus und wartet alles Weitere ab. Es wäre ja schade wenn sie nicht mehr durch käme, es täte mir sehr leid um Hermann. Hermann würde wohl kaum auf Urlaub kommen können denn von Rußland dauert es doch schon eine gewisse Zeit bis man zu Hause ist. Wenn Grete sterben sollte und ich ein Telegramm bekomme, weiß ich noch nicht ob ich Urlaub bekomme. Wir hatten in der Kompanie vor 14 Tagen den Fall, daß von einem Kameraden die Schwägerin gestorben war, derselbe durfte nicht in Urlaub fahren. Es wäre ja auch besser ich bekäme kein Telegramm und Grete würde wieder gesund.-

Nun Ihr Lieben wie geht es Euch noch? Von mir kann ich nur das Beste sagen. Wir liegen jetzt an einem anderen Ort und wir haben prima Quartiere. Ich habe hier in einer franz. Villa ein Zimmer für mich ganz alleine, mit allem Kompfort. Seit langer Zeit mal wieder ein richtiges Bett und Wasser auf dem Zimmer, also ganz groß in Ordnung. Ich sitze hier am offenen Fenster und 20 m vor mir rauscht das Meer es ist wunderbar, wenn die Sonne untergeht daß sieht so aus als wenn die Sonne ins Meer versinken würde. Ihr seht also, daß ich ziemlich viel zu sehen kriege. Hoffentlich bleiben wir recht lange hier liegen denn hier gefällt es mir ausgezeichnet.

Es besteht die Möglichkeit, daß ich in nächster Zeit Urlaub bekomme, kann aber noch nichts Bestimmtes sagen. Werde Euch dann alles besser erzählen können, denn Ihr wißt, schreiben darf ich nicht viel, aus militärischen Gründen. Hoffe also recht bald bei Euch zu sein und seid Alle recht herzl. gegrüßt von Eurem Hans

Recht viele Grüße auch an Oma und alle anderen Verwandten.

Frankreich, den 11.7.42

Ihr Lieben!

Habe gestern den Brief vom 5.7. erhalten, den Du
mir, liebe Mutter, geschrieben hast. Habe mich
sehr darüber gefreut und will Euch auch sofort
wieder schreiben. Ich hatte einen Brief für Erna zu
Euch geschickt den Ihr ja schon nach
Gelsenkirchen abgesandt habt, ja ich hatte
gedacht, Erna wäre länger bei Euch geblieben, aber
Sie ist am liebsten zu Hause vielleicht denkt Sie
daß ich jeden Tag in Urlaub kommen könnte, und
daß ich dann nicht vor verschlossener Tür stehe
bleibt sie lieber zu Hause. Es hätte nämlich mit
meinem Urlaub beinahe etwas gegeben mir war
schon zugesagt, daß ich am Samstag dann 5.7.
fahren sollte auf Grund des Totenbriefes von Gretel.
Nun kam Freitag Nacht ein Befehl durch, daß
Urlaubssperre war und ich stand da mit meiner
Vorfreude. Aber das ist beim Komiß immer so, man
soll sich nicht zu früh freuen. Ich glaube aber, daß
diese Urlaubssperre nicht lange andauert und hoffe
in absehbarer Zeit in Urlaub kommen zu können.
Natürlich komme ich Euch dann besuchen und ich
werde Euch so manches erzählen können, was man

nicht so schreiben kann.- Wir sind diese Tage wieder umgezogen, das heißt so ca 200 m vom Strand weg ins Innere der Stadt, haben aber auch ein schönes Quartier und auch ein richtiges Bett und das ist für einen Landser die Hauptsache.-

Liebe Mutter ich freue mich, daß Du mir so viel von Gretelein geschrieben hast und ich habe meinen Spaß daran, daß sie so selbstständig ist. Das Dingen mit dem Kochlöffel ist ja einfach toll. Erna hatte mir das auch schon geschrieben aber als ich jetzt in Deinem Brief wieder laß mußte ich wieder laut auflachen. Ich bin bloß mal gespannt was Gretelein sagt wenn ich eines Tages vor ihr stehe.- Erna schrieb mir gestern, daß Hermann nun im Urlaub ist und daß er sehr traurig ist, ja der arme Kerl tut mir auch leid, nun steht er da mit dem kleinen Kind alleine. Weiter schreibt Erna mir daß Fritz E. auch einen Stellungsbefehl hat und am 6.7. sich stellen mußte. So nach und nach kommen sie alle dran. Na wir wollen hoffen das der Krieg für uns bald ein siegreiches Ende nimmt. Die letzten Erfolge in Afrika und Rußland geben ja die besten Anzeichen dafür. Wir stehen hier an der Küste und halten Wacht, ich bin mal gespannt ob der Tommy es versucht hier zu landen ich glaube das wird ihm sehr schwer fallen und er würde eine anständige Abreibung bekommen. Daß Lorchen mit Helga und Horst von der N.S.V. weg ist, ist ja schön aber für Fritz ist es doch sehr umständlich. Fritz hat es bestimmt auch nicht einfach denn diese tolle Fahrerei ist etwas sehr Umständliches, überhaupt bei der heutigen Zeit. Daß Fritz nur noch 120 Pfd. wiegt ist ja allerhand aber bei dieser heutigen Kost bleibt das ja nicht aus. Wenn es hier was gäbe würde ich mal was schicken aber hier gibt es auch alles auf Marken genau wie in der Heimat. Das einzige was ich hier kaufen kann ist Obst und das ist furchtbar teuer und schicken kann man es schlecht, es würde unterwegs verderben.

Seid für heute alle recht herzl. gegrüßt von Eurem Hans

Friedchen hat mir schon eine Karte aus Ihrem Urlaub geschrieben.

So lieber Vater jetzt bist du wieder an der Reihe. Mit meinem Knie ist alles wieder in bester Ordnung und mir geht es gesundheitlich sehr gut, waß ich von Euch Allen auch hoffe, Recht viele Grüße an Oma!

Frankreich, den 23.7.42

Ihr Lieben!

Habe gestern 5 Mark erhalten die Ihr mir schon am 30.6. abgeschickt habt. Daß ich das Geld so spät erhalten habe liegt an unserem Rechnungsführer, der hat scheinbar vergessen mir Bescheid zu sagen, daß Geld für mich eingetroffen war. Gestern Mittag sagte mir ein Kamerad daß für mich Geld da wäre der zufällig den Abschnitt von der Postanweisung gesehen hatte. Also Ihr Lieben zuerst mal meinen herzl. Dank hierfür. Aber es ist bestimmt nicht nötig daß Ihr mir Geld schickt denn hier kann man doch nichts Vernünftiges mehr kaufen und außerdem ist alles wahnsinnig teuer. Ich bekomme ja alle 10 Tage 12 M Sold und damit komme ich auch aus außerdem schickt Erna mir ab und zu noch was.

Nun ein bischen von meinem Dienst. Ich bin jetzt schon seit ein paar Tagen zum arbeiten kommandiert. Unser Spieß hat gemerkt, daß ich ein bischen vom Schreinern verstehe und nun hat er so allerlei für mich zu tun. Die Arbeit ist hier sehr gemütlich und ich brauche dafür sonst keinen Dienst zu machen. Also ich kann mich nicht beklagen und außerdem fühle ich mich sehr gesund. Nun habe ich nur noch einen Wunsch und der wäre, daß ich bald Urlaub bekäme. Erna fragt auch schon in jedem Brief ob ich nicht bald in Urlaub käme. Ja sogar unser kleines Gretelein fragt jeden Tag nach ihrem Papi. Ich hatte geglaubt das Kind hätte mich schon längst vergessen. Ich bin ja mal gespannt, was sie sagt wenn ich plötzlich vor ihr stehe.

Also Ihr Lieben für heute genug und nochmals vielen Dank für das Geld.

In der Hoffnung Euch bald besuchen zu können, seid vielmals gegrüßt von Eurem Hans

Liebes Friedchen, recht vielen Dank für Deine beiden Karten aus dem Urlaub, hoffentlich hast Du Dich gut erholt!

Recht viele Grüße an alle Verwandten und Bekannten besonders an Oma. Wer von Euch ist jetzt mit dem Schreiben an der Reihe? Damit es keine Streitigkeiten gibt schreibt Ihr am Besten alle 3

Hans

Frankreich, den 31.7.42

Ihr Lieben,

Habe gestern Euren lieben Brief vom 25.7. erhalten und habe mich sehr darüber gefreut. Zur gleichen Zeit habe ich einen Brief von Fritz bekommen. Er hat mir von Wallungen aus geschrieben und will den Rest seines Urlaubs bei Euch in Sprockhövel verbringen. Es wird für Fritz auch mal gut tun wenn Er sich einige Tage ausruhen kann, denn Fritz muß ja auch immer früh aufstehen und kommt des Abends immer erst spät nach Hause.

Lieber Vater nun warst Du ja an der Reihe mit dem Schreiben und es hat Dir keiner die Arbeit abgenommen ja das ist auch richtig so, denn stell dir bloß mal vor was ich zu schreiben habe, dieses ist heute schon der dritte Brief den ich schreibe. Einen zum Haarzopf und einen nach Gelsenkirchen und dieser soll nun in Sprockhövel landen. Also lieber Vater in dieser Hinsicht habe ich mehr zu tun wie du. Nun kann ich mir vorstellen, daß du sehr viel Arbeit im Garten hast und ich freue mich mit dir, daß die Früchte in Eurem Garten so gut geraten sind. Denn es ist doch eine Freude für so einen „Großbauer" wenn er sieht, daß sich die Frühjahrsarbeit auch gelohnt hat. Und du liebe Mutter wirst dich wohl auch sehr freuen über euren schönen Garten denn ich glaube , daß du auch sehr viel im Garten gearbeitet hast. Hier gibt es augenblicklich viel Obst zu kaufen es ist aber bloß alles so wahnsinnig teuer. Ein Pfund Birnen kosten hier 20 Frank, das ist nach deutschem Geld 1,-. Es ist schade, daß es in Deutschland nicht so viel Obst gibt, denn ich hätte lieber, daß unser Gretelein ordentlich Obst essen könnte, denn der würde es besser gut tun wie uns Soldaten. Wenn ich in Urlaub komme werde ich versuchen ordentlich Obst mitzubringen denn das ist das einzigste was man hier kaufen kann, alles andere ist genau so knapp wie in Deutschland.-

So liebes Friedchen, jetzt kommst du an die Reihe. Du hats ja nun deine Ferien beendet und dich mit voller Kraft wieder an die Arbeit gestürzt. Du wirst dich dann wohl abends nach Feierabend in den Garten begeben und so langs die Stachelbeeren gehen, laß sie dir recht gut schmecken und paß auf, daß Du Dir nicht den Magen verdirbst. So nun muß ich schließen denn ich muß gleich auf Wache ziehen.

Hoffentlich kann ich Euch bald besuchen und Euch alles viel besser erzählen. Für heute seid nun alle recht herzl. gegrüßt von Eurem Hans

Recht viele Grüße an Oma und ich wünsche Ihr alles Gute.

Liebes Friedchen, ich glaube du bist mit dem Schreiben an der Reihe. Diese nur, damit Ihr nicht durcheinander kommt.

Frankreich, den 9.8.42

Ihr Lieben!

Habe gestern den lieben Brief erhalten den Friedchen mir geschrieben hat, denn Friedchen war ja dieses mal an der Reihe. Liebe Friedchen recht vielen Dank für den schönen Brief und besonders für die Zigaretten, die kamen gerade wie gerufen und ich lasse sie mir am heutigen Sonntag recht gut schmecken. Nun muß ich Euch etwas Neues mitteilen. Bin seit vorigem Dienstag zu einem 12 tägigen Schnitzkursus abkommandiert von jeder Kompanie mußte ein Mann dafür bestimmt werden und da hat der Spieß nun mich dafür bestimmt obwohl ich gar keine Lust dazu hatte. Habe es aber bis heute noch nicht bereut, denn es geht hier sehr gemütlich zu. Ich kann nun jede Nacht durchschlafen und brauche keine Wache zu stehen. Kann morgens bis 8 Uhr schlafen was in meiner ganzen Militärzeit noch nicht vorgekommen ist. Der Kursus wird hier nämlich von einem Zivilist geleitet und ich komme mir bald selber vor wie ein Zivilist. Wir arbeiten dann bis 12 Uhr. Von 12 -2 ist Mittag und dann geht's noch mal bis 5 Uhr. Also exerzieren und sonstiger Dienst fällt hier schon mal ganz flach, mein Gewehr steht jetzt mal für 14 Tage neben meinem Bett in Ruhe. Wir können hier arbeiten was wir wollen und die Sachen die wir anfertigen sind unser Eigentum. Ich liege jetzt ungefähr 8 km von meiner Kompanie entfernt in einer größeren Stadt an der Kanalküste fahre aber 2x die Woche zur Kompanie und hole dort meine Post ab. Also wie Ihr seht habe ich augenblicklich ein ruhiges Leben und kann es so ganz gut aushalten. Wäre ja lieber anstatt in diesen Kursus, in Urlaub gefahren. Aber wie das mit dem Urlaub ist, weiß ich selber nicht. Man spricht hier sehr viel von Urlaub aber bis jetzt sind nur sehr wenige aus unserer Kompanie gefahren, nur welche die zu Hause Todesfälle in der Familie hatten oder Bombenschäden. Heute hörte ich wieder so etwas von Urlaubssperre, ob was Wahres dran ist weiß ich nicht?! Ich rechne auf jeden Fall vorerst nicht mehr damit. Ich habe heut auch zu Erna geschrieben, daß sie mit Gretelein ruhig für ein paar Tage zu Euch fahren soll, denn sonst sind die schönen Tage noch eher wieder vorbei. Wenn ich mal wirklich wieder in Urlaub kommen sollte und Erna ist bei Euch, dann komm ich eben nach dort hin und hole sie ab und ich bin gleichzeitig auch bei Euch gewesen.

Mir geht es gesundheitlich noch sehr gut, was ich von Euch Allen auch hoffe. Es ist eine Schande, daß der Tommy so oft nach Westdeutschland fliegt, Erna schreibt mir daß schon 4-5x Alarm am Tage gewesen ist. Hier an der Küste läßt sich selten mal ein Tommy in der Luft blicken nur in ganz großen Höhen. Und zu Wasser schon mal garnicht, würde ihm auch schlecht bekommen, denn wir sind hier auf alles gefaßt.

Also für heute genug, in der Hoffnung bald bei Euch sein zu können, seid vielmals gegrüßt von Eurem Hans

Lb. Friedchen mit Bohnenkaffee sieht es hier schlecht aus, wenn ich mal die Gelegenheit haben sollte, werde ich Euch bestimmt welchen besorgen.

Recht viele Grüße an Oma und auch an Tante Berta.

Frankreich, den 30.8.42

Ihr Lieben!

Will Euch heute eben ein paar Zeilen schreiben, denn ich habe am heutigen Sonntag-Nachmittag etwas Zeit. Wir rücken morgen hier wieder ab und kommen einige Kilometer zurück, wir werden hier vorne abgelöst. Bin mal gespannt ob es dann mit meinem Urlaub klappt, ich möchte doch mal gerne nach Hause. Man schreibt mir so viel von meinem Gretelein daß sie so drollig ist, ich möchte mal zu gerne 14 Tage bei ihr sein.

Liebe Friedchen ich habe dir gestern ein Päckchen abgeschickt und zwar mit ein paar Buchstützen, vielleicht hast du da Verwendung für. Ich habe das damals in dem Schnitzkursus gemacht und jetzt wo wir abrücken kann ich nicht alles mitschleppen. Habe schon einige Sachen hier verschenkt. Ein Kästchen habe ich zur Erna geschickt und die Buchstützen kannst du wohl am besten gebrauchen in deiner Bibliothek. Bin mal gespannt, in was für ein Kaff wir jetzt landen? Mir geht es nach wie vor noch gut was ich von Euch auch hoffe.

Seid für heute recht vielmals gegrüßt von Eurem Hans

**Von der neuen Heimat aus schreibe ich Euch
wieder. Meine Feldpostnummer bleibt dieselbe.**

Frankreich , den 6.9.42

Ihr Lieben!

Habe gestern abend die beiden schönen Päckchen mit den Zigaretten und den Rumkugeln erhalten, habe mich sehr darüber gefreut und vorerst meinen herzl. Dank.

Liebe Friedchen die Rumkugeln hast du sauber hingekriegt ich habe sie mir gestern abend im Bett gut schmecken lassen und sin mir auch sehr gut bekommen. Auch die Zigaretten kamen gerade richtig, denn ich hatte nichts mehr zu rauchen wir bekommen jetzt sehr wenig Kaufwaren, am Tage 2-3 Zigaretten.

Wir sind jetzt hier wieder in eine andere Gegend gezogen und sind an der Küste abgelöst worden liegen jetzt ca. 15 km landeinwärts. Bei dem Landungsversuch vom Tommy war ich nicht dabei, daß waren ungefähr 100km südlich von uns. Wir lagen wohl in Alarmbereitschaft, sind aber nicht zum Einsatz gekommen, daß haben unsere Kameraden bei Dieppe alleine geschafft. Es liegt hier an de rKüste sehr viel Militär und es wird dem Tommy wohl kaum gelingen sich hier fest zu setzen. Wir liegen jetzt hiet in einem kleinen Bauernkaff. Wir haben hier aber sehr viel Dienst sodaß ich kaum Zeit habe um nach Hause zu

schreiben. Wir sollen aber voraussichtlich nur 4-5 Wochen hier bleiben dann wird's wohl wieder an die Küste gehen. Mir geht es nach wie vor noch gut, was ich von Euch Allen auch hoffe. Wie es mit meinem Urlaub ist, weiß ich nnicht, hoffe aber doch, daß es mal bald etwas gibt, denn diesen Monat wird es schon ein ½ Jahr, daß ich Soldat bin.

Ich bin mal gespannt, was unser Gretelein sagt, wenn sie mich wiedersieht. Ich muß mich wundern, daß sie so viel von mir spricht.

Wir hatten hier die letzten Tage sehr heißes Wetter und es ist auch heute am Sonntagsehr schön. Leider hatten wir heute auch den ganzen Tag Dienst, sodaß wir keine Zeit hatten uns ein wenig zu sonnen. Aber das macht einem Landser ja nichts aus, mit der Zeit hat man sich an alles gewöhnt. Die Hauptsache ist, man bleibt gesund und alles andere ist nur Nebensache.

Hoffe daß es Euch auch noch allen gut geht und seid für heute recht vielmals gegrüßt von Eurem Hans

Recht viele Grüße an Oma & alle Verwandten

Entschuldigt wenn der Brief ein wenig durcheinander geht, aber es ging im Gallopp.

Frankreich, den 20.9.42

Ihr Lieben!

Habe gestern den lieben Brief erhalten, den Vater mir geschriebn hat. Also lieber Vater zunächst meinen herzl. Dank dafür. Ganz besonders habe ich mich über das schöne Bild gefreut es ist ja tadellos geworden. Lieber Vater Du stehst da wie so ein Großgrundbesitzer. Es ist schade, daß ich diesen Sommer nicht kommen konnte, ich hätte zu gerne mal den Garten in seiner ganzen Pracht gesehen. Wenn ich kommen werde wird wohl nichts mehr drin sein, denn dann wird es wohl so langsam Winter werden. Es kann sein, daß ich im Oktober in Urlaub komme, denn man spricht davon, daß die Urlaubssperre am 1.10. aufgehoben werden soll. Ob es aber wahr wird, daß kann ich auch nicht sagen, denn ich habe schon so manches mal mit Urlaub gerechnet und immer kam wieder etwas dazwischen. Es ist beim Komiß eben so, man muß alle abwarten und darf nicht im voraus denken, denn man denkt meistens genau daneben. Wir wollen aber immer das Beste hoffen und eines Tages wird es mit dem Urlaub schon klappen.

Nun will ich Euch mal kurz schildern, was ich hier so treibe. Wir liegen hier wieder in einem kleinen Dorf und wohnen in einem alten Schloß, die Gegend ist hier ganz ausgezeichnet. Ich glaube das hatte ich Euch schon geschrieben. Ich bin wieder zum schreinern kommandiert. Ich bin sozusagen der Kompanieschreiner. Ich habe hier sehr viel Arbeit ich habe schon ca. Betten gebaut, damit die Kameraden alle ein Bett hatten. Jetzt muß ich im Pferdestall so Gestelle machen wo die Geschirre aufgehängt werden wir haben ca 20-25 Pferde in der Kompanie da könnt Ihr Euch vorstellen, daß da auch Arbeit für mich da ist. Und so könnte ich Euch noch mehr aufzählen, auf jeden Fall hat der Spieß für mich immer etwas Neues zu tun. Ich brauche daher auch sonst keinen Dienst zu machen und das ist manchmal ganz angenehm.

Die Verpflegung ist augenblicklich tadellos wir bekommen oft, am Tage 2 x warmes Essen. Auch bekommen wir viel Obst, wie Weintrauben, Birnen und Äpfel. Also ich kann mich wirklich nicht beklagen und fühle mich gesundheitlich sehr wohl.

Hier in dieser Gegend gibt es viel Brombeeren und ich habe schon reichlich davon probiert.

Am vorigen Sonntag war Erna mit Gretelein bei Euch. Erna schrieb mir auch schon darüber. Auch schreibt Sie mir, daß sie wieder was geerbt hat zum einwecken. Es ist ja sehr lieb von Euch, daß Ihr uns immer so viel zukommen lasst, aber gebt bitte nicht allse weg, sonst habt Ihr nachher nichts mehr in die Gläser. Ihr glaubt ja gar nicht, wie Erna sich darüber freut, wenn sie bei Euch gewesen ist und kann dann zu Hause alles einwecken. Sie schrieb nämlich es wäre doch gut, daß wir Euch noch hätten, sonst sähe es mit dem Einwecken böse aus. Ich bin ja auch froh, wenn Erna und Gretelein etwas Gemüse diesen Winter im Keller haben.

So nun muß ich schließen es ist gleich Zeit zum schlafen gehen, also seid für heute recht herzl. gegrüßt von Eurem Hans

L. Friedchen!

Deinen lieben Brief hatte ich erhalten in dem Du mir mitteilst, daß Wilfried G. Verwundet ist und im Lazarett liegt bei Irmgard. Das ist aber ein Zufall, daß Irmgard auch gerade dort oben im Osten war, so ist es doch für Wilfried sehr angenehm. Wilfried hat ja noch mal Glück gehabt, hoffentlich braucht er nicht mehr so schnell an die Front.

Nochmals herzl. Grüße an Euch Allen Hans

Frankreich, den 14.9.42

Lieber Vater!

Die herzl. Glück und Segenswünsche zu Deinem Geburtstage sendet Dir Dein Sohn Hans

Hoffe, daß du diesen Tag noch recht oft erleben wirst und wünsche dir für die Zukunft alles Gute.

Erna war vorige Woche an einer Fischvergiftung erkrankt, ich erhielt aber gestern einen Brief von Ihr, daß es wieder besser geht. Hoffentlich seid Ihr noch alle gesund und munter was ich von mir auch sagen kann.

Nun an alle Geburtstagsgäste und an Euch allen recht herzl. Grüße von Eurem Hans

Frankreich, den 23.10.42

Ihr Lieben!

Habe heute Euren lieben Brief an dem Ihr Euch alle 3 beteiligt habt, mit großer Freude erhalten. Ich freue mich, daß die Geburtstagsgrüße an Vater & Friedchen so pünktlich eingetroffen sind, da habe ich mal wieder richtig kalkuliert. Nun wäre es ja sehr schön, wenn ich Mutter zu Ihrem Geburtstage persönlich gratulieren könnte, wenn ich glück habe, könnte das zutreffen. Heute ist der 1. Von unserem Zug in Urlaub gefahren und es kann jetzt eigentlich nicht mehr lange dauern bis ich an der Reihe bin, man muß hier eine große Geduld haben.

Ich bin ja mal gespannt was unser Gretelein sagen wird, wenn Sie mich wieder sieht? Ich glaube ich werde Sie auch kaum wieder erkennen, denn ich muß nur immer staunen, daß Sie schon so viel erzählt, denn als ich fort ging war es doch mit dem erzählen noch sehr dünn. Also ich hoffe demnächst bei Euch zu sein und werde Euch dann besser alles erzählen können.

Mir geht es weiter gut, dasselbe hoffe ich von Euch. Für heute recht herzl. Grüße an Euch Allen von
Eurem Hans

Herzl. Grüße an alle Bekannten & Verwandten besonders an Oma

Frankreich, den 21.10.42

Ihr Lieben!

Nun wird es aber höchste Zeit, daß ich mal wieder etwas von mir hören lasse sonst glaubt Ihr noch, ich hätte Euch ganz vergessen. Nein so sit es aber nicht, ich hatte die letzte Zeit wenig Gelegenheit zum Schreiben. Wir sind nun mittlerweile wieder in einem andern Kaff gelandet und ich wohne jetzt im Erdbunker. In so einem Bunker liegen wir mit 10 Mann und ich muß sagen es ist hier des Abends ganz gemütlich. Wir haben einen Ofen hier und auch elektrisch Licht, also es fehlt uns an nichts. Ich hatte gedacht nun kämen wir ans frieren, aber in so einem Bunker ist es prima warm, denn der liegt ja ganz unter der Erde, die Lampe brennt natürlich den ganzen Tag. Strom und Kohle kosten uns ja nichts, drum solls uns auch egal sein. Nun will ich hoffen, daß ich bald in Urlaub komme, dann kann ich Euch das alles besser erzählen. Für heute empfangt recht herzl. Grüße von Eurem Hans

Herzl. Grüße an Oma und alle anderen Verwandten

Frankreich, den 31.10 42

Liebe Mutter!

Die herzlichsten Glück und Segenswünsche zu Deinem Geburtstag sendet Dir Dein Sohn Hans

Hoffe, daß es Dir noch recht gut geht und wünsche Dir auch für die Zukunft alles Gute.

Es wäre ja schön gewesen, wenn ich Dich an Deinem Geburtstage hätte besuchen können aber leider klappt es mit dem urlaub noch nicht. Denke aber, daß ich in absehbarer Zeit in Urlaub komme, werde Euch dann sofort besuchen. Bis dahin sei Du, liebe Mutter recht herzl. gegrüßt von Deinem Sohn Hans

Viele Grüße an Vater, Friedchen und Oma, sowie an alle Geburtstagsgäste.

Frankreich, den 22.11.42

Ihr Lieben!

Habe heute Euren lieben Brief vom 17.11. erhalten und mich sehr darüber gefreut. Nun schreibt Ihr, wann ich wohl in Urlaub kommen würde? Da kann ich Euch eine freudige Mitteilung machen, daß ich vom 25.11. in Urlaub fahre. Ich muß jedenfalls morgen, also Montag zur Schreibstube kommen und dort wird mein Urlaubsschein ausgestellt.

Hoffentlich kommt nicht über Nacht noch etwas dazwischen, aber ich glaube, daß es diesmal klappen wird. Sehr wahrscheinlich komme ich dann Sonntag mit Erna & Gretelein zu Euch. So, ich will nun auch nicht mehr schreiben, kann Euch dann alles viel besser erzählen.

Ich hoffe, daß ich Euch alle recht gesund antreffen werde. Mir geht es gesundheitlich immer noch gut. Also bis auf ein fröhliches Wiedersehen seid herzl. gegrüßt von Eurem Hans

Alle andere <u>mündlich.</u>

Heimaturlaub

vom 25.11. bis 12.12.42

Frankreich, den 13.12.42

Ihr Lieben!

Bin gestern abend hier gut angekommen. Wir wohnen jetzt wieder in einer Holzbaracke. Unsere Stube ist sehr gemütlich und es herrscht schon richtige Weihnachtsstimmung es ist alle mit Tannengrün geschmückt. In der Mitte hängt ein Adventskranz von ca. 1 m Durchmesser. Habe nun schon eine Nacht wieder hier geschlafen und bald habe ich mich wieder an alles gewöhnt. Für heute seid recht herzl. gegrüßt

Euer Hans

Ein frohes Weihnachtsfest wünscht Euch allen Euer Hans

Frankreich, den 26.12.42

Ihr Lieben!

Teile Euch hierdurch mit, daß ich mit Wirkung vom 1.12.42 zum Gefreiten befördert bin. Bis zum Unteroffizier ist es ja noch ein weiter Weg. Na, wir wollen hoffen, daß der Krieg vorher ein Ende nimmt.

Wir hatten hier am heiligen Abend ein schöne Weihnachtsfeier. Für jeden stand ein Teller auf dem Tisch auf dem Tisch mit Namen versehen. Außerdem bekam jeder eine große Tüte voll Leckereien, dann bekam jeder noch ein Geschenk von der Kompanie. Ich habe ein schönes Buch bekommen. Zu trinken bekam jeder 2 Flaschen Bier und mit 3 Mann eine Flasche Kognak. Übrigens der Johannisbeerlikör in dem schönen Weihnachtspäckchen schmeckt tadellos. Meinen herzl. Dank dafür. Unsere Weihnachtsfeier war sehr feierlich und ich werde diesen heiligen Abend mein Leben lang nicht vergessen. Gestern waren wir mit ca 30 Mann in Boulogna im Soldatenheim, sind dort auch beschenkt worden. Man hat hier sehr viel für uns Soldaten getan und alles sehr nett und feierlich gestaltet.

Für heute recht herzl. Grüße und ein glückliches neues Jahr

Euer Hans

Frankreich, den 27.12.42

Ihr Lieben!

Habe heute Euren lieben Brief empfangen und mich sehr darüber gefreut. Nun sind die Weihnachtstage wieder vorüber, hoffentlich habt Ihr sie gut verlebt. Es ist hier von Seiten der Weihnacht sehr viel für uns getan worden und man hat uns reichlich beschenkt. Hoffentlich ist der Weihnachtsmann auch bei Euch gewesen.

Mir geht es noch recht gut, dasselbe hoffe ich von Euch. Für heute empfangt recht herzl. Grüße von Eurem Hans

Frankreich, den 4.1.43

Ihr Lieben!

Heute an meinem Geburtstag erhielt ich das schöne Päckchen, worüber ich mich sehr gefreut habe und ich Euch Allen, auch Oma, herzl. Danke. Es ist beinahe so, als ob ich den Geburtstag in der Heimat feier, denn dieses Berliner Brot schmeckt so richtig nach „zu Hause" und ich erinnere mich gerne an die schönen Zeiten zurück. Wir wollen hoffen, daß wir im Jahr 1943 zum Frieden kommen und daß wir den nächsten Weihnachten wieder zusammen feiern können.

Sagt der lieben Oma bitte, über die Zigaretten hätte ich mich sehr gefreut, denn die kann ein Landser immer gut gebrauchen. Den Kuchen habe ich noch nicht angeschnitten, werde ihn morgen früh beim Kaffee mir guit schmecken lassen. Das Wilfried das EK hat freut mich. Er wird es sich auch wohl verdient haben, denn im Osten ist doch ein bischen mehr los, als hier in Frankreich. Hoffentlich braucht er nicht wieder zum Osten, denn ich glaube, wer einmal da war, der hat keine Sehnsucht mehr dahin. Aber man kann eben nichts daran ändern, man muß eben dort seine Pflicht tun, wo man hingestellt wird. Schreibt mir doch bitte mal die Adresse von Wilfried, will ihm doch mal ein paar Zeilen schreiben.

Wie ist es jetzt in Sprockhövel? Habt Ihr dort schon Schnee? Hier an der Küste ist noch keine Schneeflocke gefallen, nur ist es ab und zu lausig kalt, aber man kann es noch ganz gut aushalten, ich habe am Tage bei meiner Arbeit nur den dünnen Drillichanzug an und den Pullover und man kann es ganz gut ertragen. Der Mensch gewöhnt sich an alles. Mir geht's weiter gut, dasselbe hoffe ich auch von Euch. Für heute seid alle recht herzl. gegrüßt von Eurem Hans

Frankreich, den 22.1. 43

Ihr Lieben!

Habe Euren lieben Brief vom 18.1. gestern abend erhalten und mich wie immer sehr darüber gefreut. Wir liegen nun seid einer Woche wieder in einem anderen Kaff. Als Quartier haben wir wieder Baracken, diesmal liegt unser Zug in einer schönen Baracke, wir haben uns es hier sehr gemütlich gemacht. Haben einen großen Radioapparat und alles was so ein Landser braucht.

Ganz in unserer Nähe liegt die O.7. dort gehen wir jede Woche mal hin zu einer Filmvorführung oder zum Variete. Vorige Woche, an dem Tage als wir hier einzogen, hatten wir abends Variete. Ich mußte den Abend Platzanweiser spielen. Hier ist das natürlich ein wenig anders als mit dem Platzanweiser wie zu Hause. Ich habe dann Stahlhelm auf und umgeschnallt, also hier geht es sogar im Kino oder Variete militärisch zu. Ich bin sonst wieder als Kompanieschreiner kommandiert, denn wenn man so einen Umzug macht, gibt es für mich besonders viel zu tun. – Das Wetter ist hier sehr milde vom Winter haben wir bis jetzt noch nicht viel gespürt, Schnee hat hier fast noch keiner gelegen. Fühle mich gesundheitlich sehr wohl. Verpflegung ist auch ausreichend sodaß wir immernoch satt werden. In Essen muß der Tommy ordentlich gehaust haben Erna schrieb mir, daß in

Rüttenscheid sehr viel kaputt ist. Hoffentlich bleibt Ihr zu Hause von solchen Schäden verschont.

So, nun muß ich schließen denn es ist gleich 10 Uhr und dann muß alles in der Falle sein.

Für heute empfangt die herzl. Grüße von Eurem Hans

Frankreich, den 4.2.43

Ihr Lieben!

Habe gestern den Feldpostbrief erhalten den Vater mir geschrieben hat zunächst recht herzl. Dank. Bin augenblicklich hier im Soldatenheim in Boulogna ich sitze hier in einem ganz famosen Schreib- und Lesezimmer. Alles lauter klubsessel prima Teppiche, Radio und rindum alles sehr gemütlich eingerichtet. Es ist schade, daß man nicht jeden Tag hierhin fahren kann. Ich bin heute beim Zahnarzt gewesen und habe mir eine Zahn blombieren lassen, anschließend geht's dann immer zum Soldatenheim hier kann man sehr gut essen. Bin heute morgen um 9 Uhr von der Kompanie weggefahren und kann erst kurz vor 6 Uhr zurückfahren. Die Züge fahren hier noch seltener wie von Sprockhövel. Aber das macht mir gar nichts aus, denn hier im Soldatenheim kann man es ganz gut aushalten. Wenn ich dann zur Kompanie zurück komme ist Feierabend und man begibt sich dann so gegen 9 Uhr in die Falle. Dagegen hatten wir gestern einen nicht so erfreulichen Tag. Gestern hatten wir nämlich Divisionsübung es wirkten sämtliche Waffen mit und zwar alles mit scharfen Schuß und keiner Platzmunition. Ich sah vielleicht lecker aus. Es hatte nämlich nachts vorher geregnet und die Wiesen und Felder waren so schön aufgeweicht. Nun lagen wir Infanteristen vorne auf einem Acker in Stellung die Attelerie schoß über uns weg und bereitete den Angriff vor. Da kam Befehl vom Kompaniechef "eingraben". Unsere Uniform war von oben bis unten voll Lehm geschmiert, schlimmer können die Landser in Rußland auch nicht aussehen. Nachher beim Angriff mußten wir über einen Bach und das war das tollste, Rüber springen konnten wir nicht, denn der Bach war ca 4 m breit. Jetzt hieß es hindurch. Mir ging das Wasser fast bis unter die Arme. Ich war also naß bis auf die Haut und die Stiefel voll Wasser. Wir haben den angeblichen Feind aber restlos vernichtet und unser Kommandeur war mit uns sehr zufrieden. Als wir nach Hause kamen, konnten wir bei der 0.7. baden und abends war alles wieder in Schuß. Wir hatten sehr viel an unseren Waffen zu reinigen und nicht minder an unserer Uniform. So, das war eine kleine Schilderung von unserer gestrigen Übung.

Mir geht's gesundheitlich weiter gut, hoffe von Euch allen dasselbe. Lege ein Bild von mir bei, es ist zwar nicht schön geworden aber diese franz. Fotografen geben sich kein bischen Mühe.

Für heute recht herzl. Grüße an Euch allen von Eurem Hans

Frankreich, den 25.2.43

Ihr Lieben!

Heute Abend will ich mal wieder ein Lebenszeichen von mir geben denn ich habe Euch lange nicht mehr geschrieben. Habt Ihr den Brief mit dem Bild erhalten? Wir sind nun mittlerweile wieder in ein anderes Kaff gerückt bleiben aber nicht lange hier, sondern wir werden sehr wahrscheinlich in den nächsten Tagen verladen und dann gehts in ein anders Land. Wohin es nun geht, weiß ich nicht. Jedenfalls kommen wir hier aus Frankreich raus, denn alle Vorbereitungen deuten darauf hin. Mir geht es gesundheitlich noch sehr gut, dasselbe hoffe ich auch von Euch. Ich hatte schwer damit gerechnet, daß ich im März in Urlaub fahren könnte, denn dann wäre ich wieder an der Reihe gewesen. Aber leider kam vorige Woche Urlaubssperre. Sowas nennt man eben Pech und man kann leider nichts daran ändern. Wir liegen augenblicklich hier in großen Baracken und daher die ganze Kompanie zusammen es ist halt so wie in der Kaserne. Es ist leider in den Baracken kein Licht und daher bin ich schon gezwungen des abends mich in einer Wirtschaft hinzusetzen um überhaupt schreiben zu können. Sitze augenblicklich auch mit einem Kameraden aus Essen hier am Tisch bei einem Gläschen Likör und schreibe Euch diesen Brief. Bin mal gespannt, ob der Krieg dieses Jahr ein Ende nimmt, es wäre ja sehr zu wünschen. Die Hauptsache dabei ist aber, daß wir diesen Krieg siegreich für uns beenden sonst sehe ich für uns sehr schwarz. Denn wenn die Boschewiken in unser schönes Deutschland einbrechen dann ist für uns das Leben nichts mehr wert. Ich glaube aber, daß es dem Russen diesen Sommer schwer an den Kragen geht und daß ihn dann der letzte Schlag versetzt wird. Denn meiner Ansicht nach, pfeift der Russe jetzt aus dem letzten Loch.

Ich muß nun aufhören denn es ist gleich 9 Uhr und dann müssen wir die Lokale verlassen haben. Also laßt es Euch allen recht gut gehen und laßt mal wieder von Euch hören. Für heute seid recht herzl. gegrüßt von Eurem Hans

Viele Grüße auch an Oma!

Rußland

Rußland, den 30.3.43

Ihr Lieben!

Heute komme ich mal dazu Euren Brief vom 26.2. zu beantworten. Der Brief erreichte mich schon in Rußland, denn wir sind Ende Februar von Frankreich abgerückt und sind nun schon fast einen Monat in Rußland. Ich muß sagen ich habe von Rußland jetzt schon die Nase voll denn solche Verhältnisse hatte ich mir hier doch nicht vorgestellt. Wir sind hier schon so manchen km gewatet und haben auch schon die ersten Waldkämpfe hinter uns. Jetzt lagen wir 8 Tage im Walde in Stellung, es war bestimmt nichts angenehmes, denn der Schnee lag hier noch ziemlich hoch. Wir hatten uns ein Loch in die Erde gebuddelt und darin gehaust. In dieser Zeit hatten wir keine Gelegenheit uns zu waschen oder zu rasieren. Ich hatte einen ganz anständigen Bart, beinahe so wie Vater sein Spitzbart. Nun sind wir gestern dort abgelöst worden und liegen für 2-3 Tage in einem Russendorf in Ruhe. Dann wird es wohl wieder weiter gehen, wohin weiß kein Mensch.

Nun liebe Mutter wie geht es dir? Erna schrieb mir schon, daß Du ernstlich krank seist. Es hat mir sehr leid getan und ich habe mir Sorgen um Dich gemacht. Ich hatte leider keine Gelegenheit vorher zu schreiben, denn wenn wir im Einsatz sind ist an Schreiben nicht zu denken. Hoffentlich bist Du recht bald wieder gesund und bleibst auch hübsch gesund. Mir geht es gesundheitlich noch gut, trotzdem ich 14 Tage lang nasse Füße hatte und die Stiefel nicht von den Beinen bekam. Ich muß mich selber wundern was man doch nicht alles aushalten kann. Wenn man mal so einen Tag Ruhe hat, vergißt man alle vorher gewesenen Strapazen und man ist wieder frisch wie vorher. Nun laßt es Euch allen recht gut gehen und seid vielmals gegrüßt von Eurem Hans

Liebe Mutter!

Wenn Du mal am backen bist, so backe doch bitte für mich ein paar Plätzchen denn so etwas bekommt man hier nicht. Es ist sehr angenehm, wenn man auf dem Marsch oder im Einsatz etwas zu knabbern hat. Wenn es auch bloß 100 g Plätzchen sind ich habe nämlich keine Marken für kg Päckchen. Ich habe es Erna auch schon geschrieben, denn jetzt muß ich so etwas mehr entbehren als in Frankreich, denn kaufen kann man hier nichts. Zieht es Euch aber bitte nicht vom Munde ab ich will nochmal zu Erna schreiben, daß sie Dir vielleicht mal Mehl oder Zucker besorgen kann.

Nochmals herzl. Grüße Dein Hans

Rußland, den 18.4.43

Ihr Lieben!

Will Euch heute am Sonntag eben einen Gruß aus weiter Ferne senden. Ich habe gerade das Mittagessen auf, es gab heute Graupensuppe, hat mir aber tadellos geschmeckt. Also wenn ich jetzt mal zu Euch zu Besuch komme, dann kann es ruhig Graupensuppe geben, ich esse jetzt alles.

Das Wetter ist hier schon ziemlich warm, früh ist es ein bischen windig, und daher sehr staubig. Der Schlamm hat jetzt etwas nachgelassen und so langsam werden die Sachen wieder trocken. Wünsche Euch allen ein frohes Osterfest. Mir geht es gesundheitlich noch gut, hoffe von Euch dasselbe. Laßt mal etwas von Euch hören und seid für heute recht herzl. gegrüßt von Eurem Hans

Recht viele Grüße an Oma

Rußland, den 20.4.43

Ihr Lieben!

Heute an Hitlers Geburtstag habe ich mal einen freien Nachmittag und da will ich mal etwas von mir hören lassen. Bin schon nun bald 2 Monate in Rußland und ich muß sagen, ich habe die Nase gestrichen voll. Ihr könnt Euch kein Bild machen unter welchen Verhältnissen das Volk hier lebt, das kann man auch schlecht im Brief schildern, daß muß ich Euch später mal erzählen. Nachdem ich wieder 8 Tage draußen im Walde in Erdlöchern verbracht habe, liege ich jetzt wieder für einige Tage, vielleicht auch für längere Zeit in einem Russendorf, das heißt was man so Russendorf nennt. Hier stehen alles Lehmhütten mit Strohdächer wenn der Wind etwas stark weht besteht die Gefahr, daß einem das Dach wegfliegt. Das Wetter ist hier augenblicklich sehr schön und auch schon sehr warm, sodaß man es des Nachts schon ganz gut draußen aushalten kann. Das einzig Bescheidene ist hier unsere Verpflegung. Des Mittags gibt's fast jeden Tag Kappessuppe oder Graupen und dazu reichlich wenig, sodaß man davon nicht satt wird. Dafür daß man so viele Stunden am Tag und des Nachts wach ist, ist das Essen eben zu knapp, man hat dauernd Hunger. Liebe Mutter ich schrieb Dir schon mal, ob Du mir nicht mal etwas Gebackenes schicken kannst. Ich schreibe das ja nicht gerne denn ich weiß, daß Ihr in dieser schweren Zeit auch nichts über habt. Genau so ungern schreibe ich es zur Erna, denn es ist ja heute leider so, daß jeder mit seinen Portionen sein Krabbeln hat. Wir haben uns hier schon selbst Brot gebacken aus Maiskörnern. Die haben wir gemahlen dann mit Wasser und Kartoffel vermengt und dann gebacken. Ich kann das Zeug aber jetzt nicht mehr sehen, noch weniger essen, denn von dem Mais bekomme ich jedesmal Magenschmerzen. Nun liebe Mutter, wie geht es Dir? Bist Du wieder richtig gesund? Schreibe mir doch mal darüber. Lieber Vater und Friedchen wie geht es Euch noch und wie geht es Oma? Ich hoffe, daß Ihr alle noch recht gesund seid. Gesundheitlich geht es mir auch recht gut. Ich habe eine gute Gesichtsfarbe, so gut habe ich noch nie ausgesehen. Aber das macht, weil man Tag und Nacht an der frischen Luft ist. Nun ist am nächsten Sonntag Ostern. Wie schön wäre es, wenn wir dann zu Euch kommen könnten und bei Euch die Ostertage verleben. Wir wollen hoffen, daß es bald wieder so sein wird und das dieser blöde Krieg bald ein Ende hat.

Wünsche Euch nun allen ein recht frohes Osterfest und seid für heute herzl. gegrüßt von Eurem Hans

Wenn ich mal wieder Päckchenmarken habe, werde ich mir erlauben mal eine zu schicken, habe jetzt 2 Stück zur Erna geschickt. Ich tue es ja nicht gerne, aber ich möchte die Marken auch nicht verfallen lassen.

Nochmals herzl. Grüße Euer Hans

Rußland, den 5.Mai 1943

Liebe Mutter!

Liege augenblicklich im fernen Osten in einem Walde und da will ich Dir zum Muttertage ein paar Zeilen schreiben. Ich wünsche Dir an diesem Tage und auch für die Zukunft alles Gute. Hoffentlich bleibst Du uns noch recht lange gesund und munter. Ich möchte Dir an diesem Tage besonders für alles danken, waß Du für uns getan hast und noch für uns tust. Wir sind nun wieder im Vormarsch und haben so manchen anstrengenden Marsch schon hinter uns. Augenblicklich liegen wir für 1 oder 2 Tage hier im Walde in Ruhe. Wir schlafen des Nachts im Zelten, es ist bei Regenwetter, so wie wir es vergangene Nacht hatten, nicht angenehm. Aber heute scheint schon wieder sehr warm die Sonne. Liebe Mutter, heute habe ich 2 Päckchenmarken erhalten, lege dir mal eine mit in diesen Brief. Vielleicht kannst Du mir mal etwas Gebackenes schicken. (An der Marke ist leider kein Klebstoff.) Was macht Ihr denn noch in Sprockhövel? Vater ist doch sicher den ganzen Tag im Garten, denn dort ist doch jetzt viel Arbeit! Und was macht Friedchen? Arbeitet sie noch im Deutschlandhaus? Oder hat der Tommy das auch schon kaput geschmissen? Vielleicht kann Friedchen mir etwas Briefpapier besorgen denn ich kann hier nichts bekommen und ich habe schon lange nichts mehr. Sonst geht es mir noch gut, waß ich von Euch allen auch hoffe. Für heute seid alle, besonders du liebe Mutter gegrüßt von Eurem Hans

Rußland, den 8. Mai 1943

Ihr Lieben!

Gestern Abend erhielt ich das liebe Päckchen mit dem leckeren Kuchen und den Zigaretten.

Liebe Mutter den Kuchen hast du ja wieder fabelhaft hingekriegt, der schmeckt nämlich ausgezeichnet. Habe mich natürlich sehr darüber gefreut und dafür meinen herzl. Dank.

Auch über die Zigaretten habe ich mich sehr gefreut und möchte mich hierdurch ganz besonders bei Gerda bedanken. Es ist doch ein schönes Gefühl, wenn man so ein Päckchen von zu Hause bekommt . Und dann schmeckt es auch ganz anders, denn das ewige Kommißbrot steht einem bald zum Halse heraus. Obwohl ich früher nicht viel um Kuchen gab, umso lieber esse ich ihn heute, das kommt aber daher, weil man hier ewig keinen Kuchen zu sehen bekommt und man sehnt sich mal nach etwas Süßem. Gestern hatte ich einen besonderen Glückstag, denn zu gleicher Zeit erhielt ich ein Päckchen von Erna. Da kann ich mal ein paar Tage leben wie zu Hause im Frieden. Daß Brinkmanns nun ausgezogen sind ist ja herrlich. Da habt Ihr doch wenigstens mehr Platz und braucht Euch an Niemandem zu stören.

Liebe Mutter für Dich ist es doch jetzt besonders angenehm denn jetzt hört die Lauferei mit dem Wasser doch auf. Freue mich schon, wenn ich Euch imnächsten Urlaub wieder besuchen darf, aber wann wird das sein. Von hier bis nach Sprockhövel sind es doch etliche km, ich möchte die nicht noch alle watzen. Ich liege augenblicklich in einem Walde. Die Sonne scheint sehr warm, ich habe nur die Badehose an. Leider ist hier in der Nähe keine Gelegenheit zu Baden, sonst wäre ich bestimmt schon dabei. Mir geht es gesundheitlich weiter gut, bis auf eine Blase am Fuß die ich mir bei dem letzten Marsch gelaufen hatte. Aber auch dieser Schmerz geht vorüber.

Hoffe daß Ihr auch noch alle recht gesund seid und seid für heute recht herzl. gegrüßt von Eurem Hans

Lieber Vater, daß du auch wieder beruflich tätig bist ist ja allerhand, laß bloß langsam gehen, denn Du hast lange genug gearbeitet.

Hans

Im Osten, den 3.7.43

Ihr Lieben!

Heute will ich Euch mal wieder ein paar Zeilen schreiben.

Wie ist es eigentlich dort bei Euch in Sprockhövel, ist der Tommy dort auch schon gewesen? Habe so oft an Euch gedacht als der Tommy in Wuppertal so gehaust hat, hoffentlich habt Ihr davon nichts mitbekommen. Mir geht es noch ganz gut und hoffe von Euch allen dasselbe.

Erna gefällt es in Oberbayern auch ganz gut und ich glaube, daß sie es auch ganz gut dort angetroffen hat.

Mit meinem Urlaub wird es sich wohl noch etwas in die Länge ziehen, denn es fahren jetzt augenblicklich sehr wenige in Urlaub, wenn alles gut geht, so könnte es im August mit meinem Urlaub klappen, aber wer weiß, bis dahin kann sich noch vieles ändern. Wir wollen aber das Beste hoffen, daß ich bald mal bei Euch sein kann.

Für heute recht herzliche Grüße aus dem fernen Osten von Eurem Hans

Dies war sein letztes Lebenszeichen. 2 Tage später wurde er so schwer verletzt, daß er 8 Tage später seinen Verletzungen erlag...

Nachfolgend der Brief von dem Chefarzt des Lazaretts an Hans' Frau Erna:

(Offen bleibt hier die Antwort auf die Frage, warum er erst 2 Tage nach seiner Verletzung ins Lazarett überwiesen wurde...)

Dienststelle Feldpostnr.
O.U., den 15.7. 1943

29 116

Chefarzt

Hochverehrte Frau K.

Ich habe die traurige Pflicht, Ihnen mitzuteilen, daß Ihr Mann, der Gefreite Hans K., am 11.7.1943 um 5.30 Uhr morgens im Kriegslazarett 3 zu Charkow an den Folgen eines Steckschusses in die Hüftgegend gestorben ist. Ihr Mann wurde am 5.7.1943 um 3.30 Uhr morgens bei Doplinka in der Nähe von Bjelgorod verwundet. Seine erste Wundversorgung erhielt er auf einem Hauptverbandplatz. Am 7.7.1943 wurde er zur weiteren Behandlung dem Kriegslazarett überwiesen. Seine Verwundung war schwerer Art. Die genaue ärztliche Untersuchung ergab folgenden Befund: Ihr Mann hatte Infanteriedurchschüsse an beiden Unterschenkeln und am rechten Unterarm erhalten, außer der vorher erwähnten Hüftverletzung. Bei der Einlieferung in das Lazarett bestand zunächst die

Hoffnung, Ihrem Mann das Leben erhalten zu können. Jedoch erwies sich eine Amputation des linken Unterschenkels als dringend erforderlich. Während diese Operation des linken Unterschenkels zufriedenstellend verlief, macht Ihrem Manne die Hüftverletzung sehr zu schaffen. In Verbindung mit dieser Verletzung trat ein Kräfteverfall auf. Sein Kreislauf konnte trotz geeigneter Mittel nicht mehr die notwendige Unterstützung erfahren. Zu der angegebenen Zeit trat am 4. Tage nach der Einlieferung plötzlich der Tod ein. Die Schmerzen haben wir Ihrem Manne wesentlich lindern können, sodaß sein Tod ohne jede Qual war.

Möge die Gewissheit, daß Ihr Mann in höchster Pflichterfüllung getreu seinem Fahneneide für Führer, Volk und Vaterland sein Leben geopfert hat, Ihnen und Ihren schwer geprüften Angehörigen ein Trost sein.

Seine Beerdigung fand am 14.7.1943 unter allen militärischen Ehren auf dem deutschen Kriegerfriedhof zu Chakow statt. Sein Einzelgrab trägt die Nummer 20 in der Reihe 44 links. Der Nachlass, soweit er bei der Einlieferung in das Lazarett vorgefunden wurde, wird Ihnen zugesandt.

Ich spreche Ihnen zu Ihrem schweren Verlust meine herzliche Anteilnahme aus.

(Ohne Unterschrift)

O.U. 22./9.1943

Liebe Frau K.!

Heute erhielt ich in einem Brief von meiner Frau die Todesanzeige Ihres Gatten. Nehmen Sie meine aufrichtige Anteilnahme entgegen, gleichzeitig möchte ich Sie bitten, auch Ihren Schwiegereltern mein Beileid zu übermitteln.

Liebe Frau K., ich hab Hans immer sehr geschätzt und werde ihm ein stetes Andenken bewahren. Er hat ein großes Verdienst am Aufbau meines Betriebes war er doch der erste Gehilfe und ein ... Vorarbeiter, auch hat er großen Anteil an dem seinerzeit mir verliehenem Diplom im Wettkampf der deutschen Betriebe. So für seine Treue, Aufrichtigkeit und für seinen Fleiß, hat er ein ehrendes Andenken verdient. Vorbildlich war er immer zu den Zeiten seines...., würdig wollen wir ihm ein Denkmal in unserem Herzen setzen in der Weise derer die nun schon Ihr teures Blut für Ihre geliebte Heimat und für Ihre Lieben gaben. Er ist der vierte aus der Reihe unserer Arbeiterkameradschaft, von denen die Arbeitskittel mit dem grauen Rock getauscht haben. Ich möchte Sie bitten, Frau K., tragen Sie Ihre Trauer mit Stolz, damit erstatten Sie Hans einen großen Dank und reihen sich ein in die Reihe derer, die gleich Ihnen Ihr Liebstes gaben. es ist schwer, ja unendlich schwer das Liebste zu geben was man besitzt aber unsere Kinder und alle anderen der deutschen

Nachwelt werden danken für das was gute deutsche Frauen, deutsche Eltern und deutsche Mädel für Deutschland unser geliebtes Vaterland gegeben haben.

Ich will diese Zeilen nicht beenden, ohne die Hoffnung ausgesprochen zu haben, das es mir vergönnt sein möge die Heimat gesund wieder zu sehen, um Ihnen die Hand zu drücken.

Ich grüße Sie herzlichst mit Heil Hitler

Ihr Karl H.

Dieser Brief ist leider nicht mehr 100% -ig genau zu entziffern, da die Handschrift kaum leserlich ist und über die 70 Jahre sehr verblasst ist.

Vielen Dank an Alle, die mir dieses Buch ermöglicht haben!

Vor Allem danke ich meinem Vater, der sich die Mühe gemacht hat, sämtliche Briefe von Hans in für mich lesbare Schrift zu „übersetzen" (was teilweise gar nicht so einfach war…) und der somit viel zu meinem Verständnis begetragen hat, wie es in der damaligen Kriegszeit zugegangen ist.

Ich bin schon gespannt auf die Aufzeichnungen deiner Erlebnisse!

(Ich weiß, daß du daran arbeitest…)

Danke!